AF229238

RÉCLAMATIONS

DU COLONEL

BARON D'ODELEBEN.

PARIS. — IMPRIMERIE DE FAIN, RUE RACINE, n°. 4,
PLACE DE L'ODÉON.

RÉCLAMATIONS

DU COLONEL

BARON D'ODELEBEN,

AU SUJET

1°. DE LA TRADUCTION QU'ON A PUBLIÉE DE SON OUVRAGE SUR LA CAMPAGNE DE 1813; 2°. DE QUELQUES PASSAGES CONTENUS DANS L'OUVRAGE DE M. LE BARON FAIN ,

MANUSCRIT

DE MIL HUIT CENT TREIZE,

POUR SERVIR

A L'HISTOIRE DE NAPOLÉON.

PARIS,

DELAUNAY, LIBRAIRE

DE SON ALTESSE ROYALE MADAME LA DUCHESSE D'ORLÉANS,

PALAIS-ROYAL.

1825.

RÉCLAMATIONS

DU COLONEL

BARON D'ODELEBEN.

L'ouvrage très-remarquable que M. le baron Fain, ci-devant secrétaire du cabinet de l'empereur Napoléon, a composé sur la campagne de 1813, contient plusieurs passages tirés d'un écrit que j'ai publié en Allemagne, et que l'on a imprimé à Paris en 1817, sous le titre suivant : *Relation circonstanciée de la campagne de 1813, en Saxe, par M. le baron d'Odeleben, l'un des officiers supérieurs de l'armée; traduit de l'allemand sur la deuxième édition, par M. Aubert de Vitry.*

La note que M. le baron Fain a mise au bas de la page 369, tome Ier, de son *Manuscrit de 1813*, prouve que la position où j'étais quand j'ai composé mon livre, a été mieux jugée par cet estimable écrivain que par un grand nombre de lecteurs, surtout en France.

Les citations insérées plus loin à la suite de cette note sont purement historiques. Elles contribuent à faire connaître la vie de l'empereur Napoléon à cette époque, et les exploits de l'armée française conduite par cet homme extraordinaire.

Un paragraphe du même *Manuscrit*, t. II, pag. 452, est accompagné d'une autre note qui m'a été très-sensible, parce qu'elle peut me faire soupçonner d'une sorte d'ingratitude que je n'ai point à me reprocher.

J'ai cru devoir publier à cette occasion les observations ci-après :

§ Ier.

Au moment où j'écrivais ma relation, je n'avais pas le projet de la publier, elle était destinée à quelques amis auxquels je voulais faire connaître ce que j'avais vu au quartier-général.

Attaché à la maison de l'empereur, je recevais ses ordres par l'intermédiaire du duc de Frioul, et après la mort de ce grand-maréchal du palais, par le canal du grand-écuyer duc de Vicence; quelquefois je les recevais directement du cabinet, revêtus de la signature de Napoléon.

L'empereur avait demandé un officier saxon qui connut bien le pays. Je n'étais donc pas employé seulement comme *officier interprète*, ainsi qu'il est dit dans le *Manuscrit*. Mon service était beaucoup plus important. Je fournissais des renseignemens sur la topographie du pays, sur les établissemens de toute nature qu'il renferme, sur tous les objets enfin dont la connaissance pouvait être utile à Napoléon. Il me faisait souvent approcher de sa personne, et il y a peu de situations où je ne l'aie vu de près, soit dans le tumulte des batailles, ou seul, prenant quelques instans de repos sur un lit de camp, au moment des succès comme à celui des revers. Jour et nuit je devais être prêt à recevoir ses ordres; et, quand il partait de son quartier-général, je le suivais dans le groupe de ses aides de camp et des autres officiers du palais. Quelquefois même des instructions particulières ont été transmises par moi directement aux endroits où des vues importantes les rendaient nécessaires.

Voici la copie d'un ordre qui m'a été remis au cabinet le 5 mai 1813 au matin. Nous étions alors à Borna.

« Le major Odeleben écrira au général Thiel-
» mann, gouverneur de Torgau; il lui enverra
» sa lettre par des gens du pays et habiles; il

» donnera connaissance au général Thielmann
» de tout ce qui s'est passé ; que nous pour-
» suivons l'ennemi, et que nous serons dans
» peu de jours à Dresde ; que j'ai mis son corps
» dans le septième corps d'armée ; que le géné-
» ral Reynier va se porter à la division Du-
» rutte pour en prendre le commandement ;
» qu'il est sous les ordres du prince de la Mos-
» cowa, qui est à Leipsick ; qu'il tâche de
» communiquer avec Leipsick, et de favoriser
» la réunion ; et qu'il envoie le plus promp-
» tement possible à mon quartier-général un
» officier, qui rende compte de la situation
» de Torgau et de son corps. Il faut que tout
» ce qui est disponible entre en campagne, au
» moins les dix mille hommes, vu que la cita-
» delle sera couverte, et qu'il suffit d'y laisser
» deux mille hommes. »

Un autre ordre du lendemain porte :

« M. d'Odeleben écrira à M. de Senft, ou à
» telle autre personne qu'il jugera à propos [1].
» Il mandera toutes les nouvelles et tous les dé-
» tails qu'il peut avoir recueillis sur la bataille [2],
» sur la marche de l'armée jusqu'à ce jour.
» Il ajoutera qu'il a l'autorisation du grand-

[1] À la cour de Saxe.
[2] De Lutzen.

» écuyer pour faire cette démarche. Il entrera
» dans les détails sur la disposition des esprits :
» il est probable qu'on sera bientôt sur Dresde.
» Torgau et Wittenberg sont au moment d'être
» dégagés. Il écrira, ou par un courrier, ou
» par une estafette. »

Un autre ordre du prince de Neufchâtel,
sous la date du 17 août, porte :

« Monsieur le major Odeleben, l'empereur
» désire que vous ayez toujours à la suite de
» l'état - major général sept ou huit officiers
» saxons, retirés du service ou non, ou des
» gendarmes, pour porter nos dépêches sur les
» derrières de l'armée dans l'étendue de la Saxe.
» Ces officiers voyagent mieux et plus vite que
» les nôtres en Saxe : on donnera à ces officiers
» l'argent nécessaire. Vous me ferez plaisir de
» me faire connaître le nom de ces officiers ou
» gendarmes.

» Croyez, monsieur le major, à mes senti-
» mens distingués,

» Le Prince vice-connétable, major-général. »

(Suit la signature.)

Un ordre semblable me fut donné le lendemain, sous la signature de Napoléon. (*Rei-*
cheinbach, 18 *août* 1813.)

Ces ordres, que M. le baron Fain doit se rappeler, puisque c'est du cabinet même que je les ai reçus avec d'autres instructions du même genre, ces ordres, dis-je, et les détails que j'ai donnés plus haut, font connaître l'état d'activité dans lequel je me trouvais au quartier impérial [1].

Dans la période où j'écrivis sur la campagne de 1813, ma situation était fort critique. Mon cœur était oppressé... Il est vrai que j'ai vu de bien près les exploits de l'armée française. Placé au quartier général, j'observais avec étonnement cette organisation dirigée par un seul

[1] Qu'on me permette d'insérer ici une petite anecdote. Me trouvant employé en quelque sorte comme ingénieur-géographe auprès de la personne de Napoléon, il me faisait souvent l'honneur de me demander lui-même des renseignemens. Un jour qu'il voyageait en voiture avec le prince vice-connétable, je suivais immédiatement au galop. « Major, s'écria-t-il, où est *Sprenberg* ? » La position des armées me fit présumer qu'il s'agissait de la ville de Sprenberg en Haute-Lusace. J'en fais la description, indiquant la distance de cette ville à Hayersurida, ville qu'il connaissait bien. « Ce n'est pas cela, reprend-il vivement. *Sprenberg !* » Enfin il me donne le rapport qu'il venait de recevoir chemin faisant. Je lis et je reconnais bientôt le *village* de Spérenber, près de *Lukau*; j'en fais connaître la position. L'empereur, l'ayant inutilement cherché, me tend sa carte hors de la portière. J'y trouve aussitôt le nom du petit village ; ce nom lui

homme. J'appréciais, en ma qualité de militaire, la position dans laquelle je me trouvais ; je saurai toujours l'apprécier. La grandeur des événemens, mes occupations mêmes, me firent oublier, pour un temps, les maux sous lesquels gémissait ma patrie ; mais Napoléon ne pouvait plus détourner ces fâcheux résultats de la guerre contre la Russie. Moi-même je ne les avais pas crus d'une telle étendue. A mon retour, je vis la dévastation du pays, l'épuisement total des habitans, l'éloignement de notre souverain ; enfin, le démembrement qui s'ensuivit, la réduction de l'armée, la ruine de mille familles,

échappe au moment qu'il ressaisit la feuille. « Il faut le marquer d'une épingle ! » s'écria-t-il avec impatience... Mais comment faire ? il n'y a pas là de toilette de femmes. Tout le service court après la voiture ; tout le monde va au galop. Mon cheval inquiet, s'arrête, tourne et revient. Personne n'est en état de me tirer d'embarras. Enfin, un des guides à cheval vient à mon secours, et me fait le plus grand plaisir du monde en me donnant une épingle qu'il a tirée de sa queue cordonnée. Je rejoins au grand galop ; mais mon cheval est devenu fougueux, et le vent qui souffle avec force dérange les plis de la carte. Il faut pourtant la tenir dans ce moment, ainsi que l'épingle, la bride, les gants et le chapeau, qu'on devait toujours avoir à la main en parlant à l'empereur. Je réussis enfin, et je présente à S. M. la carte percée de ce poteau géographique, dont fut marqué le quartier d'un de ses généraux.

qui avaient essuyé des pertes énormes dans leurs
biens, ou qui pleuraient des parens morts de
froid dans les plaines glacées de la Russie. Tout
cela était bien fait pour affaiblir mes précéden-
tes impressions. Quand même j'aurais voulu
étouffer en moi ce nouveau sentiment, il n'en
était pas moins presque général et prédominant.
Le temps et les sages mesures d'un gouvernement paternel pouvaient seuls guérir les maux
dont la pauvre Saxe était accablée. Il est aisé
de concevoir qu'en parlant de l'homme qui
avait déchaîné contre lui toute l'Europe, on ne
pouvait se dispenser de la sévérité du langage.
J'avoue que, si j'avais écrit quelques années
plus tard, j'aurais pris par fois un ton plus
modéré. Je n'ai jamais méconnu le grand homme
de notre siècle ; je l'ai regardé comme un être
doué de qualités éblouissantes, fait pour remuer
le monde, et fonder de grands et utiles établissemens. Je n'aurais pu l'aimer, mais je l'ai toujours *admiré*. Les désastres mêmes ne m'auraient
pas éloigné de lui si j'avais été Français. Mais
tout cela ne pouvait m'entraîner à l'adulation.
Les héros, qui élèvent leurs empires au faîte
de la gloire, ne sont jamais aimés des autres
nations ; elles admirent leurs hauts faits, mais
elles en sont les victimes ; et les Allemands ne
pouvaient suivre les drapeaux français par atta-

chement national, bien qu'ils fussent séduits par le génie du chef.

Malgré quelques expressions dont j'ai fait usage, je suis pourtant, je crois, de tous les auteurs étrangers, celui qui, le premier, a redressé plusieurs opinions fausses et défavorables, dominantes alors, et fait envisager la conduite de ce grand homme tout autrement qu'on ne l'avait envisagée pendant et après les événemens qui l'ont perdu. Je suis le seul, de tous les auteurs allemands qui, après sa chute, ait publié de lui des traits admirables, sous les yeux mêmes des armées russes, prussiennes et autres; et certes, au moment où tant de libelles parurent contre lui, le récit des faits à son avantage ou de plusieurs traits de bienveillance, ne pouvait trouver grâce que sous les dehors de l'improbation. J'ai écrit il est vrai, dans une attitude hostile, mais avec véracité; mon livre n'était pas pour l'usage des Français, mais pour mes compatriotes. Je ne pouvais d'ailleurs supposer qu'on en ferait une traduction si peu analogue à mes idées. L'influence du moment s'exerce également sur les auteurs qui jugent les hommes et les événemens, et sur ceux qui jugent d'autres écrivains. Les notes insérées dans l'édition qu'on a faite en France de mon ouvrage, contiennent, entre autres choses, les remarques suivantes :

« Le sentiment qui a porté M. d'O... à ne
» parler de Bonaparte qu'avec modération, fait
» donc honneur au caractère de l'historien ;
» mais il nous semble n'avoir pas assez fait
» pressentir le jugement que la postérité por-
» tera d'un homme qui, ayant eu dans ses
» mains le bonheur de son pays et de l'Europe,
» a plongé son pays et l'Europe dans un abîme
» de maux ; en évitant l'injure, les déclamations,
» il n'est cependant pas possible de méconnaître
» le mal qu'il a fait et de ne pas l'attribuer à
» un orgueil impitoyable, à une légèreté qui se
» jouait de tout ce qu'il y avait de plus sacré
» dans le monde. (T. I, p. 299), etc., etc. »
Voilà comment on écrivait en France, en 1816
et en 1817... Voilà comment les gens du Nord
pensaient dans ce temps-là... Est-il donc étonnant que la situation de ma patrie, en 1814 et
1815, m'ait arraché quelques expressions fortes ?
Les hauts faits de Napoléon, tels que je les ai
rapportés, contribuent plus, au reste, à faire
admirer son génie, que des mots acerbes ne
tendaient à le rabaisser. Les sentimens de l'auteur pouvaient être méconnus, mais le caractère de Napoléon, son esprit, ses talens étaient
peints dans ses exploits... Le monde aujourd'hui

le jugé avec plus de modération et de justice qu'alors. Il fallait du temps et du calme pour balancer de si hautes qualités avec les torts dont l'Europe l'a accusé.

Les Mémoires que j'ai publiés ne devaient présenter qu'une simple esquisse, tel était même le titre de l'ouvrage allemand ; on leur a donné mal à propos le titre de relation circonstanciée ; les regardant comme un faible supplément à l'histoire du temps , je n'y mettais aucun prix ; mais, invité par un libraire à les publier et me trouvant alors dans une situation pénible, je les lui abandonnai pour une somme très-modique ; je n'y voulais pas même attacher mon nom , cette addition se fit contre mon gré , et seulement pour rehausser l'intérêt d'un genre d'ouvrage dont on avait été privé jusque-là. La grande distance où je me trouvais du lieu de l'impression, ne me permit pas même d'en soigner la correction. Aussi la seconde édition fut-elle prématurée , parce que d'autres travaux me retenaient loin de là. J'étais occupé à lever un plan topographique du champ de bataille de Bautzen , si glorieux pour les armées françaises.

L'ouvrage fit plus de bruit que je n'avais présumé. On le traduisit sans que je m'y attendisse. Si je l'avais écrit pour les Français, ou pour le public , j'aurais sans doute changé , rectifié différens passages. Je conviens qu'un auteur doit répondre de ce qu'il écrit ; mais ici la traduction même n'est pas exacte ; et probablement elle a donné lieu en France à des censures plus ou moins amères.

§ II.

M. le baron Fain a principalement extrait de ma Relation les hauts-faits de l'armée française et de son chef. J'en ressens d'autant plus de satisfaction, que si l'on s'en rapportait, pour juger de l'esprit de mon livre , aux notes ajoutées au texte par le traducteur, on pourrait croire que j'ai voulu omettre des faits qui contribuent à la gloire française.

Je dois répéter que le titre : *Relation circonstanciée*, fait du tort à ces Mémoires. On ne pouvait douter qu'un historien ne s'occupât de retracer les grands événemens de l'année 1813.... Pour moi, qui n'avais pas une pareille ambition, je me bornais à fournir quelques matériaux dont il pût faire usage. On peut facilement distinguer ce que j'ai raconté comme témoin oculaire, de ce qui provient d'un récit ou de l'opinion d'autrui. Si l'on veut regarder mon ouvrage comme une relation circonstanciée , ce sera avec

raison qu'on m'accusera de quelques omissions
et même d'inexactitudes. Pour donner un tableau complet de ces opérations militaires, il
fallait pouvoir puiser à des sources qui n'étaient
pas à ma portée..... Les officiers de l'état-ma-
jor général des armées ont une connaissance
exacte de la position des corps, des détache-
mens, etc.; mais les forces des armées, les
pertes de l'une ou de l'autre ne peuvent être
évaluées qu'approximativement par un simple
individu. Désigner toujours les brigades, les
divisions, c'eût été sortir des bornes dans lesquelles je devais me renfermer.

On m'accuse de n'avoir pas rapporté quelques
actions décisives [1]; ce reproche est injuste : beaucoup de détails précieux ont dû me rester incon-
nus; mais, quant au moment où s'est opéré tel
ou tel mouvement militaire de quelque impor-
tance, je l'ai toujours marqué avec soin. L'écrivain allemand, comme l'écrivain français, ne
montre un véritable enthousiasme qu'en célé-
brant les exploits de ses compatriotes [2]. Les

---

[1] Voir tom. Ier., pag. 504 et suivantes. Notes ajoutées
à la traduction française de ma *Relation*.

[2] On ne connaît pas par exemple à Dresde le moment
où il est dit, tom. Ier., p. 507, dans les notes : *C'est à deux
cents pas* de la grande place de Dresde que les colonnes
ennemies rencontrèrent les premiers pelotons de la vieille

maux dont a Saxe a été accablée lui sont venus de toutes les armées de l'Europe ; ils étaient inévitables dans un territoire·si resserré ; mais le malheureux qui souffrait accusait Napoléon.

Il y a des passages de ma Relation que le traducteur français a mal compris, et par conséquent mal rendu, à cause de la précipitation de son travail, dont, au reste, il convient lui-même [1]. Ainsi, par exemple, on me blâme [2] d'avoir dit, page 82 :

« Le 12 mai les Russes avaient pris Bischoffs-werda d'assaut. »

C'est une erreur grave dont on a chargé injustement le texte allemand ! Il est dit :

« Bischoffswerda avait été *enlevé aux Russes*, » c'est-à-dire *par* les Français ! »

Le terme dont je me suis servi ne pouvait être entendu autrement.

Une autre fois on me fait dire, t. I, pag. 64 :

« Napoléon envoya même *le général Thiel-* » *mann* au gouverneur de Torgau, pour lui an- » noncer la nouvelle de la victoire qu'il avait » remportée à Lutzen.

garde, qui arrivait en toute hâte de la Silésie. Les alliés n'ont pas pénétré dans les faubourgs mêmes, mais sur deux points, jusqu'aux barrières ou jusqu'aux murs des jardins.

[1] Voir note, page 306, ⎱ de la traduction française.
[2] Voir note, page 504, ⎰

Le texte allemand porte :

« Napoléon lui-même envoya un officier saxon
» *augénéral Thielmann,* gouverneur de Torgau,
» pour lui annoncer, etc. »

Je crois devoir saisir cette occasion pour donner le détail de cette mission : un vétéran saxon
retiré du service, le major de S...., en fut
chargé. Il s'était joint à une députation de la
petite ville de Lansigk, sollicitant une sauve-
garde, lors du passage de Napoléon par ce bourg.
Voyant un vieux militaire, petit, gros et cassé,
mais ayant toutefois un reste de vigueur, Napoléon, qui craignait que des dépêches antérieure-
ment envoyées par deux hommes dont j'étais sûr,
ne fussent point parvenues à leur destination,
voulait en faire porter de nouvelles par un homme
d'un certain rang. Demandez-lui, me dit-il, s'il
a assez de courage pour aller à Torgau..... Le
vétéran, ayant entendu cette question, répond
sans balancer, avec énergie et d'un ton élevé,
« Oui, sire !...» Napoléon sourit et me charge de
l'expédier ; je lui remets ses ordres ; je lui donne
un cheval ; il s'apprête à partir, et part avec
l'empressement d'un jeune homme, malgré son
âge et un corps invalide. Il arrive heureusement
à Torgau, où il trouve un des deux hommes que

¹ Voir pages 2 et 3.

j'avais envoyé auparavant. Il s'acquitte de sa mission ; mais à son retour il est arrêté par des co-
saques ; ses effets et son cheval lui sont enlevés,
et on le traite fort mal. Plusieurs mois s'écou-
lent. J'obtiens qu'on instruise l'empereur du
sort de ce pauvre officier..... Durant l'armistice,
et dans une de ces excursions que Napoléon fit
aux environs de Dresde, il m'appela à la portière de sa voiture. « Qu'est-ce que j'ai donné à
ce vieux que j'ai envoyé à Torgau. — Votre Majesté lui a accordé une gratification de soixante
napoléons [1]. — Rien de plus ? — Non, sire ! —
Il faut lui accorder une pension. Donnez-en la
note au cabinet..... » C'est ce que je fis. Il lui
fut assigné une pension de quatre cents francs par
an ; il était déjà pensionné en Saxe. On l'a payé
jusqu'à la régénération de la France. Il mourut
quelques années après [2].

Vouloir donner des explications ou des détails
sur plusieurs scènes dont j'ai été témoin ocu-

[1] La quittance se trouve dans mes papiers.

[2] M. le baron Fain paraît supposer, tome Ier., que j'ai
voulu mettre en doute, par ma narration, les récompenses
que Napoléon accordait, vu qu'il relève le mot *promit*,
tome Ier., pag. 74 de la Relation, et qu'il raconte que Napoléon a vraiment donné un napoléon d'or pour le trajet
de chaque pièce d'artillerie. Je n'ai pas un moment douté
de la réalisation de cette promesse ; mais j'ai présenté le

laire, mais qui me paraissent minutieuses, c'eût été porter trop loin l'exactitude. J'ai cité dans mon écrit quelques traits caractéristiques ; cependant on m'a quelquefois mal entendu, et je ferai voir plus bas combien, par suite des préventions et de la haine que l'on a conçues contre tous les Saxons, on était disposé à traiter ma plume d'ennemie. Certes, j'aurais désiré pouvoir faire moi-même de mon livre une traduction plus conforme à mes idées. Je m'étais déjà occupé d'une révision, pour m'en servir dans une nouvelle édition. Mais le nombre des ouvrages qu'on vient de publier sur les événemens des derniers temps, et quelques autres considérations, en ont empêché la publication. Si l'on voulait relever les moindres erreurs qui se glissent dans un récit historique, on reconnaîtrait qu'il est bien peu d'auteurs irréprochables, puisque tous sont forcés de recourir quelquefois à des sources éloignées.....

On m'accuse[1] d'avoir raconté que, la veille de la bataille du 18 octobre, le général autrichien comte de Merfeld était retourné auprès de Na-

moment où il *promit*, où il voulait encourager les bateliers.

Si j'avais écrit en ennemi, j'aurai autrement prononcé mes doutes.

[1] Voir *Mémoires* du baron Fain, tome II, pag. 23.

2

poléon. Le bruit en a couru. Il est vrai que j'aurais pu m'assurer du fait; mais j'ajoutai foi à ce bruit, qui n'avait rien d'invraisemblable.

Dans les notes de l'édition française de mon ouvrage [1], on dit avec la même confiance :

« Le roi de Saxe qui, du haut d'une tour, ob-
» servait les mouvemens des deux armées, etc. »
Puis [2].

« Napoléon se *sauva par la porte d'un jardin;*
» si le hasard ne lui eût offert cette issue, etc. »

L'une et l'autre assertion sont dénuées de fondement; ce ne sont que des ouï-dire. Le contraire est incontestablement prouvé. Napoléon sortit de Leipsick par la porte de Ranstaedt, qui mène à Lutzen ; quoique cette porte fût étroite, elle servit de sortie à presque toutes les troupes. Je suivais immédiatement l'empereur.

Il est essentiel de citer ces passages, pour prouver, par des exemples pris au hasard, qu'un écrivain fait quelquefois des observations hasardées, lorsqu'il n'a pas remonté à l'origine des choses.

M. le baron Fain lui-même n'est pas à l'abri

---

[1] Voir les notes, tom. II, pag. 331, et *Manuscrit*, tom. 2, pag. 426.

[2] Voir tome II, pag. 333, notes mises à la suite de l'édition française.

de ces reproches. Il fait tenir par Napoléon, à la députation du magistrat de Dresde, le 5 mai 1813, un discours bien verbeux. Moi, qui me trouvais immédiatement derrière l'empereur, j'entendis prononcer, après une harangue un peu vague, où les députés imploraient la magnanimité de Napoléon, cette réponse laconique : « Qui êtes-vous ? avez-vous du pain ? » Et, après quelques paroles aussi courtes sur la situation de la ville et l'arrivée des troupes à Dresde, il dit : « Qu'ils fournissent du pain, de la viande, du vin. » Il est possible cependant qu'à une autre audience Napoléon ait déployé l'éloquence que M. le baron Fain lui prête.

§ III.

On trouve dans les Mémoires de M. le baron Fain des détails qui me sont tout-à-fait personnels [1]. Je ferai d'abord observer que ce ne fut

---

[1] Voir *Manuscrit de* 1813, tom. II, pag. 452, journée du 20 octobre, séjour près de Weissenfels.

« Les deux officiers, que le roi de Saxe avait donnés à » l'empereur, pour lui servir d'interprètes dans le cours » de la campagne, continuaient à suivre le quartier-général. » Napoléon, les ayant aperçus, charge le grand-écuyer de » les renvoyer auprès de leur roi, en les remerciant de » leurs bons services. Tous deux reçoivent des gratifica-

pas à Weissenfels que l'empereur Napoléon me donna la permission de retourner auprès de S. M. le roi de Saxe. L'autre officier avec qui j'étais au quartier général, le major comte d'E... fut dispensé de son service au bivouac près de cette ville. Pour moi, je fus obligé de suivre Napoléon jusqu'à Erfort. Mon journal, dont j'ai été privé sous le gouvernement provisoire en Saxe, contient le détail suivant : « Napoléon se trou-
» vait sur l'autre rive de la Saale, ayant le dos
» tourné au feu du bivouac dans une vigne, ab-
» sorbé dans ses pensées, voyant la marche des
» troupes en retraite. Une partie de sa suite était
» en demi-cercle à une certaine distance de lui ;
» une autre était occupée de divers arrangemens ;
» personne n'était trop rapproché ; je m'étais
» placé seul vis-à-vis de lui, voulant profiter
» d'une occasion pour solliciter ma démission.
» Napoléon, en se promenant un peu, fait quel-
» ques pas vers moi, et me dit d'un air calme et
» d'un ton vraiment doux, mais expressif : « Eh
» bien, major ?... » Ce peu de mots paraissant in-
» diquer qu'il m'écouterait volontiers. « Sire ! lui
» dis-je, Votre Majesté se trouve, dans ce mo-

» tions : le colonel d'Odeleben, qui a approché plus souvent
» de la personne de l'empereur, reçoit une gratification
» de 10,000 fr., la croix d'officier de la Légion-d'Honneur,
et le brevet d'une pension viagère. »

» ment, accablée de désastres; tous les grands
» hommes en ont éprouvé; tous les héros de
» l'antiquité ont ressenti les caprices de la for-
» tune, et la Providence n'en veut pas dispenser
» Votre Majesté. Les hommes qui vous entou-
» rent souhaitent que tant de malheurs n'aient
» pas d'influence sur votre santé....—Oh, non!»
» reprit-il, souriant d'un air touché et semblant
» attendre la suite de mes paroles.

« Si les désastres de vos maréchaux, sire, n'a-
» vaient pas arrêté vos mouvemens, Votre Ma-
» jesté aurait pu mieux réussir..... La saison et
» le manque de vivres ont rendu les opérations
» trop difficiles. La perte que l'armée vient de
» subir est très-sensible; mais vous avez la sa-
» tisfaction de penser que vos soldats se sont
» battus avec courage et contre des forces bien
» supérieures. L'ennemi lui-même rendra jus-
» tice à leur bravoure. — Si j'avais fait brûler
» les faubourgs de la ville, reprit-il, j'aurais pu
» sauver six mille hommes : c'était la maxime
» de la guerre; mais je n'ai pas voulu le faire.
» Et la trahison!» ajouta-t-il d'un ton plus élevé,
» faisant allusion à la démarche des Saxons.

« Sire! je suis loin d'excuser la conduite de
» mes camarades;..... mais Votre Majesté me
» permettra d'observer que la Saxe a tellement
» souffert par la guerre, que l'esprit de la na-

» tion est tout-à-fait contraire à l'armée. Le sol-
» dat, voyant la misère de ses compatriotes, ne
» consulte pas toujours la raison ; il a suivi ses
» sentimens de haine. Nous avons eu beaucoup
» d'actions de générosité de la part de Votre Ma-
» jesté ; mais les troupes ont épuisé la Saxe.»
» Napoléon resta calme et silencieux sans paraî-
» tre offensé de ma franchise. Voulant profiter
» de ce moment : « j'espère, sire, repris-je après
» un instant de silence, que Votre Majesté me
» fera la grâce de me donner des lettres pour le
» roi mon maître..... — Vous voulez me quit-
» ter? — Sire, j'avoue que je ne pourrais plus
» être utile à Votre Majesté ; les autres parties
» de la Saxe me sont connues ; mais ici je suis
» tout-à-fait étranger. Je prie très-humblement
» Votre Majesté de donner ses ordres, vu que
» tous les autres militaires ont été congédiés [1].»
« Je vous ferai donner des ordres par le
» grand-écuyer,» répondit-il avec beaucoup d'af-
» fabilité ; et lorsqu'il me fit appeler, quelques
» momens plus tard, pour me demander les
» noms de plusieurs endroits d'où l'on enten-

---

[1] Le commandant de quelques escadrons Saxons de cavalerie reçut la permission le 19, à Markranstaedt, de retourner avec sa troupe, la seule restée attachée aux rangs
français. Voir *Manuscrit*, tom. II, pag. 442.

» dait le bruit du canon, sa manière de s'expli-
» quer me prouva qu'il n'avait pas méconnu la
» sincérité avec laquelle j'avais parlé [1]. «J'enver-
» rai E..... au roi, me dit-il, et vous resterez
» encore quelques jours ici.... » C'est ce qui se
» fit. Le duc de Vicence m'ordonna de suivre
» jusqu'à Erfort. »

Je me voyais donc soumis à la volonté du chef de l'armée française ; je me sentais en butte au jugement sévère des troupes combinées, ennemies de la France ; j'étais menacé d'un traitement peu amical, si un accident fâcheux m'eût fait tomber alors en leur pouvoir. Aussi l'accueil que M. d'E..... et moi trouvâmes, à notre retour, chez les commandans des troupes alliées, ne fut pas flatteur, parce qu'on supposait que nous avions servi Napoléon par attachement pour sa personne, ou par zèle pour la cause des Français. Les esprits en Allemagne étaient exaspérés.

Les désastres de la retraite, comme les scènes de Freiburg sur l'Unstrut, étaient accablans. Je me trouvais le seul de tous les militaires alle-

---

[1] Un homme des plus distingués de la cour de Napoléon, M. le duc de Vicence, auquel je porte toujours la plus haute estime, pourra certifier ce que je raconte ici, car je le lui racontai immédiatement après. Il approuva ma sincérité.

mands restés dans les rangs des Français. A
Erfort, Napoléon m'accorda une audience de
congé ; et l'air de bonne foi dont il parlait de ses
projets, me firent juger qu'il avait été content
de mes services. Je ne veux pas répéter ce dialogue où Napoléon daigna écouter ce que je lui dis
sur la situation de l'armée, sur la continuation
de la guerre, sur le besoin d'une paix générale
et solide..... Il me laissa partir comblé des mar-
ques de sa bienveillance. Cependant, après son
départ, il me fallut rester encore trois jours à
Erfort. Le prince vice-connétable, M. le grand-
écuyer, ainsi que tous les officiers généraux du
quartier-général, avec lesquels j'avais eu l'honneur de me trouver en relation, me disaient des
choses flatteuses. Pour moi, j'avais la conviction
de ne m'être jamais écarté de mon devoir. Je
n'aspirais à aucune récompense. L'accomplisse-
ment des devoirs ne se paie pas, bien qu'il soit dou-
loureux de voir ses services méconnus. Je regar-
dai la gratification que l'empereur Napoléon me
fit comme un dédommagement plus que suffi-
sant de quelques pertes de chevaux et équipages
que j'avais faites dans la dernière période de la
campagne, et particulièrement près de Leipsick.
Cette gratification servit à adoucir le sort de ma
famille, ruinée par la guerre depuis l'année 1806. Je
rendis grâce à la Providence plus qu'à Napoléon,

que je regardais comme son instrument pour répandre le bien et aussi le mal dont le monde a quelquefois besoin..... La pension dont l'empereur Napoléon a voulu me gratifier, atteste sa générosité envers ceux qui se trouvaient placés près de lui. Je n'ai jamais touché cette pension ; mais cela ne diminue pas le mérite du donateur. *Quant à la croix d'officier de la légion-d'honneur..... j'ignore qu'elle m'ait été accordée.*

Mais tous ces témoignages de la satisfaction de Napoléon n'auraient pu m'empêcher de dire la *vérité*, dût-elle contrarier, choquer même quelquefois les personnes qui lui ont été attachées. Si je l'avais trop vanté, après l'avoir quitté, on m'aurait cru gagné par des récompenses : l'enthousiasme était hors de saison. D'ailleurs les services qu'on me supposait avoir rendus à Napoléon, et la persévérance avec laquelle je l'avais suivi après ses revers de Leipsick avaient irrité contre moi les esprits. On m'avait même menacé de m'envoyer en Sibérie, si je me permettais quelque correspondance politique. Il fallait attendre une période plus éloignée pour parler des grandes qualités de Napoléon en présence de ses adversaires.

Que si l'on met uniquement dans la balance les libéralités de l'empereur Napoléon à mon égard , je répliquerai qu'aucun de ses anciens serviteurs ne pourrait dire une chose qui lui fût défavorable , si les faveurs imposent silence , et s'il ne m'était pas permis , à moi étranger , d'émettre franchement mon opinion ; et relativement à ma situation personnelle, je pourrais dire : « L'empereur m'a donné la croix de la légion-d'honneur, je l'ai gagnée sur le champ de bataille; il m'a accordé sa bienveillance, je l'ai méritée en lui montrant plus de dévouement qu'un autre. » Je me trouvais en butte à la censure , à la haine , il m'a fallu subir des arrestations, des interrogatoires , des surveillances , des méfiances , des désagrémens de tous genres dont je ressens encore les fâcheuses conséquences , et dont aucune faveur ne pouvait me dédommager.

Je parle sans animosité , j'excuse les torts causés par une influence étrangère; mais, me voyant provoqué, je ne puis raisonnablement garder le silence. Mes observations prouveront que Napoléon lui-même , tout grand qu'il était, ne pouvait guérir ou faire oublier, par ses libéralités, les plaies qu'il avait faites.

La traduction inexacte de mon ouvrage a pu donner lieu de m'accuser d'ingratitude et d'inconséquence ; elle renferme des phrases qui n'ont réellement pas le même sens dans le texte

allemand , lequel , tout bien considéré , paraî-
tra moins hostile qu'on ne l'a prétendu [1].

Le texte allemand dit que le vice-roi d'Italie
conduisit Napoléon seul à la proximité de l'Elbe ;
que deux canons russes lancèrent quelques bou-
lets des hauteurs de la rive opposée , et qu'ils
se turent ensuite. Puis, désignant Napoléon , il
contient ces mots : *nimmersalte krieger*, et non
pas *blutdurstige krieger* (sanguinaire) !

L'adjectif *nimmersalte* veut dire un homme
qui ne se lasse pas de faire une chose (ici la
guerre), et cela diffère beaucoup d'un homme
insatiable de sang... Or, les adversaires de Napoléon , les Russes et les Prussiens, voyaient
en lui un guerrier infatigable ; j'ai voulu faire
entendre que les deux canons dont il est ques-

---

[1] L'auteur du *Manuscrit de* 1813 dit, tom. II, pag. 452:
«D'après ces bons traitemens et le choix de notes, que nous
avons si souvent empruntées à M. d'Odeleben, le lecteur
pourrait avoir de la peine à se persuader que cet auteur
est un ennemi. Il est pourtant essentiel de ne laisser aucun
doute à cet égard , la valeur du témoignage que nous lui
arrachons à chaque page en dépend. Ainsi donc, avant de
quitter M. d'O... , nous croyons devoir bien établir ici
dans quel esprit son ouvragea été publié. Voici quelques
phrases. ... C'eût été une folie de tirer sur deux hommes
seuls ; mais, si l'on eût pu deviner que c'était là ce guerrier
insatiable de sang , certes, la pluie de feu ne se fût pas
ralentie. »

tion n'auraient pas cessé de tirer si les artil-
leurs russes avaient pu deviner que Napoléon se
trouvait exposé à leur feu ; car , dans une pareille guerre, on cherche toujours à faire tomber
le chef de l'armée ennemie.

La seconde phrase, qu'on a prise au hasard,
pour prouver les intentions hostiles de l'auteur [1], est une de ces manières de parler dont
il s'est servi, comme on l'a fait observer plus
haut, pour raconter plus librement les exploits
de Napoléon. Du reste, il est évident que ce
glaive de la vengeance signifie les *armes de ses
ennemis*, et non la vengeance du ciel.

Troisième phrase [2]. Il a plu au traducteur
d'ajouter l'adjectif *furieux*, qui n'est pas dans
le texte allemand, ainsi qu'on peut s'en assurer. Ne pouvait-on pas supposer qu'une âme
douce et faible ne peut se faire une idée des

---

[1] Voir note du *Manuscrit de* 1813 , tom. II, pag. 453 :
« Napoléon se trouvait à l'avant-garde. Si le glaive de la
vengeance ne l'atteignit pas dans ce moment, il doit en
rendre grâce à sa bonne étoile. »

[2] Voir note du *Manuscrit*, tom. II, pag. 353. « Les âmes
douces et modérées peuvent à peine concevoir les mouvemens furieux qui agitent celle d'un homme tel que Bonaparte. »—L'âme d'un tel homme, dans l'original allemand,
au moment où il voit tomber en ruine l'édifice de sa
fortune !

agitations , des émotions d'une âme énergique, forte , au moment où le poids du malheur l'accable !... Cependant j'avoue que toutes ces additions étaient superflues ; j'en suis même affligé, voyant combien elles ont contribué à donner des idées fausses aux personnes qui ne connaissent mon livre que par cette traduction si peu fidèle. Je ferai observer d'ailleurs que la plupart des critiques ont loué l'impartialité de ma Relation. J'aurais voulu sans doute qu'il y eût plus d'intérêt et de précision dans mes récits ; mais, privé par mon arrestation de quelques papiers qui m'étaient nécessaires , je n'ai pu suppléer à ce manque de matériaux.

Ayant eu l'honneur de me trouver quelquefois au quartier-général en relation particulière avec M. le baron Fain , dont je sais apprécier le mérite personnel , j'aurais désiré que cet estimable écrivain eût jugé avec moins de rigueur la conduite des troupes saxonnes. Qu'on me permette ici quelques observations qui contribueront à rétablir des faits historiques , en éclairant l'opinion.

On voit assez que le jugement de Napoléon sur les suites graves de la défection des Saxons à Leipsick s'est propagé dans toute la France. Cet événement fatal , auquel il attachait des conséquences si importantes ; cet événement

que lui faisait paraître encore plus sinistre là
haine qu'il avait conçue contre le chef du corps
saxon en 1809 (le prince de Ponte-Corvo),
effaçait à ses yeux tout ce que les Saxons avaient
fait et souffert auparavant. Les distinctions ,
les louangées qu'il leur avait accordées pendant
les campagnes de 1807 , 1809, 1812 et même
de 1813 , tout fut oublié. On ne songe plus
aux bons services rendus par l'infanterie saxonne
pendant le siége de Dantzick , et par la cavalerie dans les champs de Heilsberg et de *Fried-
land*, où un régiment de cuirassiers mérita le
titre de garde royale à cheval; on oublia les
pertes que des régimens entiers avaient es-
suyées à la bataille de Wagram et à Stamptzen
en Autriche ; on oublia les traits glorieux et
l'attaque brillante par lesquels la brigade de
Thielmann , faisant partie de la division Lorge,
se fit remarquer à la bataille de la Moskowa ,
où plusieurs régimens de cavalerie furent écra-
sés [1] ; on oublia que le septième corps d'armée,

---

[1] Deux régimens de grosse cavalerie , les gardes-du-
corps et les cuirassiers de Jastrou, ainsi qu'un régiment de
chevau - légers , prince Albert de Saxe-Teschen , prirent
part à cette bataille. Les deux premiers enlevèrent la grande
redoute ennemie , et perdirent les deux tiers de leurs combattans. Les généraux français Lorge, Grouchy, Domanget,
s'ils existent encore , et d'autres , pourraient affirmer la

qui était en Volhinie pendant la campagne de 1812, malgré les revers qu'il avait essuyés par la supériorité des ennemis, offrit seul un noyau solide dans la retraite de Russie; on oublia quel prix Napoléon mettait lui-même à la brigade de cavalerie qu'il désirait avoir pendant la campagne de 1813. Elle se signala à la bataille de Dresde, où, faisant partie de la division de cavalerie du général Latour-Maubourg, elle enfonça les carrés ennemis, elle prit des drapeaux et des caissons, elle fit plus de mille prisonniers. L'empereur citait lui-même les troupes de cette division à ses généraux, comme devant servir de modèle aux autres : car il a su apprécier les troupes de la confédération du Rhin aussi long-temps qu'elles se sont trouvées sous ses ordres. Les services rendus par le septième corps à Reichenbach et sur d'autres points ont été pareillement oubliés. Le vénérable général comte Reynier, dont la mémoire sera toujours chère à tous les militaires saxons, commandait en chef ce corps d'armée en 1812 et en 1813; il lui rendait plus de jus-

conduite de cette cavalerie à Smolensk et à la Moskowa. De ces trois régimens complets, à l'entrée de la campagne, il n'est revenu de la Russie qu'à peu près trente ou trente-cinq individus, officiers et soldats. Une batterie d'artillerie à cheval a été totalement anéantie.

tice, et disait même, dans la campagne de 1812, parlant de l'infanterie saxonne, qu'il n'avait rien à lui reprocher, sinon qu'elle était trop brave. Son témoignage, s'il vivait encore, pourrait redresser les jugemens défavorables portés en France depuis la chute de Napoléon.

Quoique le *Manuscrit de 1813* nous développe dans un style très-élégant les détails de plusieurs événemens politiques et les actes de la diplomatie, on entrevoit cependant que dans le grand nombre des opérations militaires, il en est quelques-uns dont l'auteur n'a pu être instruit que par des militaires, qui ne sont pas toujours fidèles. On a remarqué, par exemple, comme inexactitude, 1º. la sépulture du prince de Mecklembourg - Strélitz, blessé à mort à la bataille de Lutzen, tom. Ier.; pag. 361.

Il n'y avait parmi les officiers supérieurs de l'armée prussienne qu'un seul prince, celui de Hesse-Hombourg, qui mourut de ses blessures, et dont le corps fut déposé dans une église de Pégau, par les Français, avec les honneurs militaires. Les restes du défunt furent conservés et transportés quelques mois après dans sa résidence de Hombourg.

2º. Le moment où le grand-maréchal Duroc

est blessé à mort, immédiatement derrière la personne de Napoléon, t. I, p. 423 [1].

Mais je ne veux nullement faire la critique de cet ouvrage, qui contient beaucoup de matériaux précieux pour l'histoire, je me borne à relever quelques faits principalement concernant les troupes saxonnes.

Relativement au combat de Gross-Beeren, t. II, p. 301, il est dit.

« Le choc était trop rude, les Saxons n'avaient pu le supporter ! »

[1] On observe, par rapport au monument que Napoléon décréta pour le défunt, tom. Ier., pag, 426, que cet acte eut lieu le 18 août, lorsqu'il passa pour la seconde fois par Markersdorf; que les propriétaires de la maison ont reçu 16,000 francs, et que les fonds pour la pierre monumentale, lesquels le gouvernement russe fit réclamer du pasteur, ont été employés presque totalement pour soulager plusieurs habitans des environs. *Une lettre autographe du pasteur Hermann* de Markersdorf, laquelle se trouve entre mes mains, dit qu'on a exigé rigoureusement ces fonds, consistans en 3,000 fr., à lui remis et avérés par la quittance, dont une somme de 600 fr. avait été payée d'avance au sculpteur, chargé de la construction du monument. Le gouvernement russe a décrété plus tard 400 fr. au sculpteur, dont la maison avait été mise en cendres pendant la guerre et qui fut obligé de rembourser 20 francs. Une somme de 2,000 fr. fut répartie entre les habitans de Markersdorf, Hollendorf et Pfaffendorf, dont chacun reçut une faible gratification.

Certes, le choc d'une masse ennemie trois fois plus forte doit être rude! Était-il étonnant que les rangs, foudroyés par les nombreuses batteries des Prussiens, se fussent rompus? En cas pareil, est-il honteux de plier? combien de fois n'a-t-on pas vu reculer les troupes les plus braves, françaises ou autres? Tous ceux qui étaient présens à l'affaire reconnaissent que les Saxons ont combattu avec bravoure jusqu'à la nuit [1], que les deux tiers de leur artillerie étaient démontés; et qu'enfin ils ne se trouvaient appuyés ni par les deux autres corps, ni par la cavalerie.

Le *Manuscrit*, après avoir rapporté les affaires de Gross-Beeren et de Dennewitz, t. II, p. 337, ajoute: « Dans cette seconde affaire comme dans la première, ce sont nos alliés les *Saxons* qui nous ont fait perdre le champ de bataille, etc. »

[1] Les auteurs de l'ouvrage, *Victoires et conquêtes des Français*, disent, tom. XXII :

« Le général Reynier, ayant chassé les Prussiens de
» Gross-Beeren, développa le septième corps, sa droite ap-
» puyée à ce village, etc.; puis soixante pièces de canon,
» placées en avant du front des Prussiens, commencèrent
» l'action. Vivement canonné à sa droite, pris en flanc
» par les Suédois, qui, soutenus par une nombreuse ca-
» valerie, s'avançaient par Ruhlsdorf, le septième corps
» soutint le combat jusqu'à la nuit; mais alors la victoire
» se déclara pour les Prussiens. »

puis, « tout semblait protéger cette opération. L'ennemi se trouvait dispersé dans une plaine de dix lieues... il suffisait de masquer le corps de Tauenzien, etc. »

Mais ces mêmes Saxons, après avoir tant souffert à Gross-Beeren, avaient-ils reçu des renforts en soldats, en artillerie, en chevaux ? l'ennemi était fort de 5o à 6o,ooo hommes dont un sixième en cavalerie légère, au lieu que l'armée française n'avait pas assez de cavalerie bien montée pour masquer la marche. Napoléon, qui dans ce moment critique aurait pu, comme en tant d'autres occasions, produire quelque enthousiasme par sa seule présence, n'avait plus de renforts disponibles après les pertes de Kulm et de le Katzbach. Le *Manuscrit*, après avoir fait de ce combat une relation superficielle et honteuse pour les Saxons, dit t., II, page 32g : « En vain la cavalerie du duc de Padoue s'est sacrifiée pour rétablir le combat. » Jamais relation n'a été moins impartiale. C'est cette même cavalerie qui, après avoir fait quelques charges pendant l'affaire, a causé en se retirant le désordre qui s'est mis dans les carrés des Saxons. Le général Reynier a donné sur ce fait plus de détails que le *Manuscrit* du baron Fain. Laissons-le parler ; voici ce qu'il écrivait à l'empereur après la bataille de Dennewitz :

« Sire , le rapport sur l'affaire du 6 septem-
» bre, publié dans les journaux, dit que le
» septième corps est arrivé trop tard et que l'ar-
» mée a dû se retirer , parce que deux divisions
» du septième corps ont faibli et entraîné le
» douzième corps. Je dois réclamer contre ces
» assertions qui sont fausses , et prouver à votre
» majesté que le septième corps et son chef ont
» fait tout ce qu'ils devaient dans cette circon-
» stance.

» Le septième corps était le 6 à Jahna et
» Zahnsdorf , à deux lieues de Neusdorf où était
» le quatrième corps. Les deux corps ayant eu
» l'ordre de se mettre en marche à 8 heures du
» matin , le septième devait être toujours à deux
» lieues en arrière du quatrième , à moins que
» celui-ci ne fit halte pour l'attendre , le qua-
» trième corps était presque entièrement engagé
» en avant du défilé de Dennewitz lorsque le
» septième corps est arrivé à sa hauteur ; sa
» gauche a été attaquée peu après. Le septième
» corps s'est aussitôt porté au secours du qua-
» trième corps et a rétabli le combat entre Den-
» newitz et Gohlsdorf ; il a chassé l'ennemi de
» ce dernier village et l'a forcé à se replier sur
» Wilmendorf. Il s'est trouvé successivement en-
» tièrement engagé avec les ennemis qui se ren-
» forçaient sur son front et sur sa gauche.

» Cette attaque a dégagé le quatrième corps
» qui s'est allé replier vers Rohrbeek. La pous-
» sière m'a empêché de m'apercevoir de la re-
» traite de notre droite et je ne pouvais la pré-
» voir, puisque le maréchal prince de la Mos-
» cowa m'envoyait toujours dire de la droite,
» de continuer à attaquer ; je comptais aussi sur
» l'appui du douzième corps qui arrivait en ar-
» rière de ma gauche. Je continuais ainsi à faire
» mes dispositions d'attaque , lorsque la division
» Durutte, ayant eu son flanc droit découvert
» par la retraite du quatrième corps de Denne-
» witz, a été forcée de se retirer ; les colonnes en-
» nemies se sont alors avancées sur la vingt-
» cinquième division que j'avais au plateau du
» centre avec la plus grande partie de mon ar-
» tillerie ; cette division saxonne, qui avait le
» plus souffert à Gross-Beeren et qui n'avait plus
» le général Sahr pour la commander , n'a pu
» culbuter les colonnes ennemies qui s'avançaient
» malgré le feu de trente bouches à feu , mais
» elle a protégé la retraite de cette artillerie, lors-
» que la tête des colonnes ennemies a été sur les
» pièces et que nos tirailleurs ainsi que la charge
» d'une brigade de dragons de la division De-
» france ont arrêté la tête de ces colonnes. La
» retraite de cette division s'est faite en fort bon
» ordre jusqu'au point où la division Durutte

» s'était retirée. L'autre division saxonne, qui
» était déjà avancée entre Gohlsdorf et Wilmers-
» dorf, qui avait usé beaucoup de munitions et
» se trouvait prise en flanc, dut alors se retirer
» et passa en bon ordre dans les intervalles du
» douzième corps, qui avait formé ses carrés,
» dont les troupes étaient fraîches, n'ayant en-
» gagé qu'un régiment à Gohlsdorf. Toute l'in-
» fanterie du septième corps se reforma en très-
» bon ordre, ayant sa droite au point où s'était
» retiré le quatrième corps et sa gauche au dou-
» zième corps. Dans cet intervalle, l'artillerie
» et les équipages de tous les corps d'armée
» étaient accumulés et ne savaient quelle direc-
» tion suivre, ils gênèrent les mouvemens que je
» voulus faire exécuter aux troupes pour aller
» au-devant des colonnes ennemies qui, s'avan-
» çant sur la gauche du douzième corps, mar-
» chaient sur nos chemins de retraite. Toutes
» ces victoires et la retraite précipitée de la ca-
» valerie alliée qui couvrait le gauche, qui vint
» se mêler dans notre infanterie et y attira la
» cavalerie ennemie, causèrent du désordre dans
» les colonnes ; mais je dirigeai la retraite, et,
» d'après la comparaison des pertes des états des
» trois corps, le septième est celui qui a le moins
» perdu quoiqu'il ait été le plus engagé.

» D'après cet exposé véridique, j'espère que

» Votre Majesté jugera que le septième corps a
» fait tout ce qu'il a pu et dû dans cette
» affaire.

» J'ai eu dans cette campagne deux affaires
» fâcheuses, où j'ai éprouvé de grandes pertes,
» parce que, animé du désir de battre les enne-
» mis et d'obtenir de grands succès [1], j'ai peut-
» être trop tenté la fortune des armes, et trop
» compté sur l'appui de mes chefs et de mes
» voisins. Je prie Votre Majesté d'être persua-
» dée du dévouement des officiers et des troupes
» du septième corps [2], et que j'exécuterai bien

[1] Le général comte Reynier n'aurait pu éprouver ce
désir, s'il n'avait eu sous ses ordres des troupes sur lesquelles
il pouvait se fier.

[2] L'ouvrage *Victoires et Conquêtes*, dit, tom. XXII, pag.
104, en parlant du combat de Dennewitz :

« Les deux divisions saxonnes du septième corps, dont
» la fidélité était déjà ébranlée, lâchèrent pied. »

Et l'auteur du *Manuscrit de* 1813, dit, tom. II, p. 328 :

« Dans ce moment une terreur panique a saisi les Saxons,
» en lâchant pied ils ont ouvert, etc. »

Ni l'une ni l'autre de ces assertions n'est affirmée par le
rapport du général Reynier. Mais des accusations si amères,
des écrits si déshonorans dans les journaux qui étaient
connus de toute la nation, pouvaient-ils augmenter l'attachement des soldats saxons pour l'armée française et ses chefs ?
L'estime pour les mérites du commandant du septième
corps avait jusqu'alors contenu toute impression causée

» toutes les opérations dont elle voudra me
» charger directement, ou qui seraient *bien*
» *commandées* par d'autres chefs.

Je suis avec le plus profond respect,

> » Sire, de votre majesté impériale et royale, le très-
> » obéissant et fidèle sujet,

> » E. Reynier. »

Le général comte Reynier envoya la copie de cet exposé au commandant des troupes saxonnes, le lieutenant-général de Lecoq, accompagné de la lettre suivante, datée de Puchin, le 7 octobre 1813.

« Monsieur le général,

» La lettre que vous m'avez adressée le 2 de
» ce mois, avec les gazettes de Leipsick, m'a
» seulement été remise ce matin. J'avais déjà
» eu connaissance de la note insérée dans les
» journaux sur l'affaire de Dennewitz, et en
» ai parlé au prince de la Moscowa, qui m'a
» dit que sa lettre n'était pas telle qu'elle a été
» publiée. Cette note expose cette affaire de la
» manière la plus fausse et la plus désavanta-

par les proclamations des chefs des alliés, par la dévastation du pays, et par le désir de pouvoir abandonner une cause dans laquelle une grande partie voyait la Saxe entraînée malgré elle.

, » geuse au septième corps , qui a marché aussi
» promptement qu'il en avait l'ordre , s'est
» avancé vigoureusement pour soutenir le flanc
» gauche du quatrième corps , qui était trop
» engagé au delà du défilé de Dennewitz ; mais
» j'ai eu tort d'aller trop franchement et de
» trop m'engager [1] parce que je comptais que
» le maréchal prince de la Moscowa faisait
» aussi reprendre l'offensive au quatrième corps,
» et que le douzième corps soutiendrait mon
» attaque , et que je n'ai pas été prévenu de la
» retraite du quatrième corps vers Rohrbeek.
» La division Durutte , attaquée par son flanc
» droit et en front par la retraite du quatrième
» corps, a été forcée de se retirer, et les colonnes
» ennemies se sont dirigées sur la division
» saxonne , qui a aussi été obligée de se retirer ;
» vous étiez alors fort en avant sur la droite de
» Gohlsdorff avec votre division , et avez dû
» suivre le mouvement de retraite de la droite.
» Vos troupes se sont retirées avec beaucoup
» d'ordre et ont fait bonne contenance , après
» s'être fort bien conduites aux attaques de

[1] Ce tort, dont le respectable général Reynier s'accuse,
a attiré des échecs sensibles pour les Saxons aux affaires
de Kobrin, de Wolkowisk et de Kalisch, pendant la campagne de 1812.

» Gohlsdorff. Toutes les troupes francaises et
» saxonnes ont bien fait leur devoir. La rencon-
» tre et le désordre des équipages et parcs
» d'artillerie, ainsi que de la cavalerie, qui ont
» traversé l'infanterie, l'a désunie un instant;
» mais aussitôt qu'on a pu sortir de ces embar-
» ras, les colonnes ont repris leur ordre. Je
» me plais toujours à rendre le témoignage le
» plus honorable de la bonne conduite des trou-
» pes saxonnes depuis que je les commande, de
» leur bravoure et de leur exactitude à exécuter
» les ordres, de leur bonne tenue et de leur
» constance dans les fatigues [1], et à vous parti-
» culièrement, Monsieur le général, sur le zèle
» avec lequel vous m'avez toujours secondé.

» J'ai écrit à S. M. l'empereur pour me plain-
» dre des faussetés qui ont été publiées dans
» les journaux, et le prie de rendre justice à
» la bonne conduite du septième corps.

» Je vous ai donné la copie de mes rapports
» sur cette affaire; ce n'est que le simple narré
» des mouvemens des troupes. Vous pouvez
» le faire connaître aux officiers qui sont, avec
» raison, mécontens de l'article inséré dans les

---

[1] Ce témoignage de la part d'un respectable guerrier,
mort depuis, qui n'aimait ni à louer ni à flatter, doit être
de quelque poids.

» journaux, et les assurer que je me plairai
» toujours à leur donner des preuves de mon
» estime et de ma confiance.

» Agréez, Monsieur le général, l'assurance
» de mon estime et de la plus haute considé-
» ration,

» Le général commandant en chef le 7e. corps,

» E. Reynier.»

Il a ajouté de sa propre main : « Je joins
» *confidentiellement* la copie de la lettre que
» j'ai écrite à sa majesté. »

Je n'aurais pas publié en entier ces deux
pièces authentiques si la réputation des troupes
saxonnes n'avait pas été attaquée par des faits
inexacts [1].

Enfin, relativement à la bataille de Leipsick,
il me reste à observer, comme un fait historique, que la force totale des troupes saxonnes
qui passèrent aux alliés, ne se montait pas
même à quatre mille trois cents combattans,
avec vingt-deux bouches à feu, chose consta-
tée par les états nominatifs, que le général

---

[1] Un Prussien, M. de Plotho, dans ses *Mémoires* sur
cette campagne, tom. II, pag. 176, observe que le maréchal Ney avait mal récompensé les Saxons pour lui avoir
couvert sa retraite.

commandant la division saxónne a conservé jusqu'à présent. Le manque de vivres, les maladies de la saison, les marches fatigantes avaient épuisé les forces des jeunes soldats. La division [1], affaiblie de cette manière, était arrivée le 17 octobre, à une heure du soir, à Eilenbourg, et lorsqu'à minuit le tambour donna inopinément le signal du départ, un grand nombre de soldats s'étaient éloignés pour chercher du bois, de la paille et des vivres. Un bataillon se trouvait détaché au parc d'artillerie, des compagnies pour garder les équipages et le quartier-général du commandant du corps. Le nombre des troupes sous les armes se montait :

En infanterie ,	à 96 offic. et	3246 h.	
Artillerie ,	à 15 *id.*	520 *id.*	avec 369 ch.
Cavalerie légère ,	à 32 *id.*	652 *id.*	652 *id.*
Escorte du général en chef , et trois escadrons attachés aux 3 divisions, au plus ,	à 17 *id.*	360 *id.*	360 *id.*
TOTAL.	160 offic. ,	4778 hom.	1381 ch.

4938 hommes et 1381 chevaux.

Remarquons encore que trois faibles batail-

______

[1] Après la perte de Dennewitz, les troupes saxonnes furent formées en une seule division.

lons, réduits à sept cent dix hommes, officiers et soldats, s'étant retirés sous le commandant de la division jusqu'aux portes de Leipsick, on ne peut évaluer le nombre des troupes qui ont passé à l'ennemi qu'à quatre mille deux cent vingt-huit combattans, dont il faut même déduire le nombre d'hommes tués ou blessés depuis le commencement du combat jusqu'à trois heures de l'après-midi. L'artillerie, selon la dernière formation, après la bataille de Dennewitz, se composait de quatre batteries, savoir :

Une batterie de 8 pièces à 6, artiller. à pied.
Une   de 6   à 6, *idem.*
Deux   de 4   à 6, artiller. à cheval.

Par conséquent vingt-deux pièces [1] avec le nombre susdit d'hommes, et, à l'exception du parc, resté à Eilenbourg, quelques pièces étaient démontées et les caissons en grande partie vidés.

[1] Même un ouvrage allemand, *Campagnes des Saxons* 1812 *et* 1813, a évalué l'artillerie saxonne plus haut qu'elle n'était, vu que les différentes formations en batteries, après les échecs de Gross-Beeren et de Dennewitz, avaient causé cette erreur. On a tiré les renseignemens les plus sûrs des papiers du commandant de la division saxonne de ce temps-là.

Il n'y avait qu'une seule batterie de quatre pièces d'artillerie à cheval qui fût pourvue de munitions, et qui, sur la demande du prince royal de Suède, tira contre la ligne française jusqu'à ce que l'artillerie suédoise fût arrivée [1].

Sans vouloir donc justifier une démarche aussi extraordinaire à laquelle la plupart se sentaient entraînés par l'esprit dominant en Allemagne, et par la situation du pays ainsi que du souverain ; sans vouloir entrer en aucune discussion sur ce triste sujet, je crois devoir rectifier ce qui appartient à l'histoire, et pouvoir soutenir que la bataille de Leipsick aurait été perdue, même sans cet incident. La position des armées combinées, la situation géographique,

[1] *Victoires et Conquêtes*, tome XXII, pages 141 et 142, on lit :

« Ces troupes passèrent à l'ennemi avec toute leur ar-
» tillerie et se hâtèrent, avant même que d'être arrivées
» à distance, de tourner contre la division Durutte les
» quarante pièces de canon qu'elles emmenaient avec elles.
» Il ne reste dans les rangs français que cinq cents Saxons,
» et le lieutenant-général de Zeschau. Fidèle à sa parole,
» ce loyal officier, etc. etc. »

M. le baron Fain, en rapportant ce fait, tome Ier., pag. 421, dit à ce sujet : « Douze mille hommes et qua-
» rante pièces de canon, qui tout à l'heure tiraient contre
» les alliés, tirent maintenant contre nous. »

le manque de munitions dans le camp français
ne permettaient pas de conserver plus long-temps
cette attitude forcée. Les alliés, si supérieurs
en nombre, auraient même pu faire plus de
mal à l'armée française lors de sa retraite sur
Lutzen, s'ils s'étaient servis de leurs prodi-
gieuses masses de cavalerie.

Aucun bataillon saxon ne prit une part déci-
sive à la bataille du 18 octobre. Il n'y eut pas
un seul coup de fusil tiré contre les Français :
à l'exception de la batterie susdite, aucune
troupe ne prit part à l'action [1].

Le *Manuscrit* dit encore, tome 1er., p. 442 :

« Quelques escadrons saxons nous étaient
» restés fidèles ; l'empereur ne veut pas les
» emmener, et leur fait écrire qu'il les dégage
» de leurs devoirs militaires envers l'armée
» française. »

---

[1] Une lettre autographe du général comte Reynier,
écrite de Leipzig le 18 octobre, à neuf heures et demie du
soir, au commandant de la division saxonne, se plaint de
cette tache ; cependant le général ajoute : « Je dois louer la
bonne contenance que l'infanterie a montrée ce matin sous
le feu de l'ennemi, et l'ordre dans lequel s'est faite la
retraite de l'infanterie que vous avez ramenée, etc. » Puis :
« Des troupes saxonnes que je commandais avec plaisir,
parce qu'elles s'étaient parfaitement conduites pendant la
dernière campagne, etc. »

Il faut ajouter à cet acte que le total de ces deux régimens de cuirassiers qui, pendant l'armistice en Silésie, fut porté à treize cents chevaux, ne se montait plus après la bataille de Leipsick qu'à cent soixante ou cent soixante-dix chevaux, formés en un seul escadron, et n'ayant que cinq officiers. Ces deux régimens, faisant partie de la division du général comte Latour-Maubourg, avaient pris part à toutes les affaires depuis leur remise au complet. A la bataille de Leipsick, cette poignée d'hommes fit des charges sur les batteries ennemies, et perdit tellement pendant l'action, que l'un des escadrons, fort de quatre-vingt-quatorze hommes, n'en comptait plus que trente en état de service. Les cinq officiers furent obligés de se rendre à Markranstaedt, et d'y engager leur parole d'honneur de ne pas servir contre la France pendant l'espace d'une année. Ils refusèrent de la donner pour leurs soldats. L'ordre dont le *Manuscrit* fait mention, sous la date dn 19 octobre, était nécessaire pour avertir le commandant *ad interim* de la division Latour-Maubourg, parce que ce général étant blessé ne s'y trouvait pas. La situation de ces officiers devint par-là fort désagréable; ils ne pouvaient prendre part aux opérations subséquentes. Ce désarmement moral aurait peut-être eu lieu

par rapport aux autres troupes, si les cir-
constances l'eussent permis. Deux cents hommes
de la garde du roi, ainsi que les sept cents
hommes qui n'avaient pas passé aux alliés, se
trouvaient rangés sur la grande place, au mi-
lieu de la ville de Leipsick le 19 au matin. Ces
troupes, éloignées de la barrière extérieure, à
deux mille pas, ne pouvaient donc pas être
cause de l'explosion prématurée du pont, con-
fiée à un sapeur [1]. De quel faible poids étaient
ces troupes dans les masses des armées belli-
gérantes qui assaillirent de tous les côtés la ville
de Leipsick. Soyons donc juste en tout ce qui
regarde les événemens gigantesques de notre
siècle.

Je répéterai, en terminant, que les fausses
interprétations auxquelles la traduction de ma
relation a donné lieu, m'ont été fort désa-
gréables. Je regrette que Napoléon lui-même en

[1] Voir *Manuscrit*, tom. Ier., pag. 445.

« De l'autre côté, c'étaient les Badois et les Saxons qui,
» du haut des murs de la vieille ville où nous les avions
» laissés, signalaient leur conversion en déchargeant leurs
» armes contre nous ! Cette double fusillade a produit ra-
» pidement un grand désordre aux abords du pont? Le
» sapeur, armé de la mèche fatale, a cru que l'ennemi ar-
» rivait et que le moment était venu. »

ait eu connaissance sous cette forme. Toutefois je sais gré à l'auteur du *Manuscrit de* 1813 de m'avoir fourni l'occasion de donner quelques éclaircissemens qui affaibliront peut-être la prévention générale.

Dresde, ce 13 mars 1825.

Le baron d'ODELEBEN.

FIN.

OUVRAGES NOUVEAUX,

Qui se trouvent chez le même Libraire.

Histoire de France pendant les guerres de religion. Deuxième édit. 4 vol. in-8. Prix : 24 fr.

Histoire de France pendant le dix-huitième siècle. Quatrième édition. 6 vol. in-8. Prix : 30 fr.

Histoire de l'assemblée constituante. 2 vol. in-8. Prix : 12 fr.

Histoire de l'assemblée législative et de la convention nationale. 4 vol. in-8. Prix : 24 fr.

Voyage dans les départemens formés de l'ancienne province da Languedoc ; par Renaud de Villback ; Esquisses de l'histoire de Languedoc, description de l'Hérault, avec six planches géographiques et vingt dessins lithographiés. 1 vol. in-8. Prix : 8 fr.

Souvenirs de la Sicile, par le comte de Forbin, auteur du Voyage dans le Levant, directeur des musées royaux. 1 vol. grand in-8. très-bien imprimé sur beau papier, avec une belle gravure et deux médailles. Prix : 10 fr.

Essai sur l'histoire générale de l'art militaire, de son origine, de ses progrès et de ses révolutions, depuis la première formation des sociétés européennes jusqu'à nos jours ; par le colonel Carion Nisas. 2 vol. in-8., ornés de quatorze planches. Prix : 16 fr.

Voyage dans le Levant en 1817 et 1818, par M. le comte de Forbin. Seconde édition. Un vol. in-8. Prix : 7 fr.

Le Neveu de Rameau, dialogue ; ouvrage posthume et inédit, par Diderot. (La scène se passe au Palais-Royal et au café de la Régence). Un volume in-8°., orné d'un portrait. Prix : 4 fr 50.

Histoire de l'ex-garde, depuis sa formation jusqu'à son li-

cencîment, comprenant les faits généraux des campagnes de 1805 à 1815, son organisation, etc. Un gros
volume in-8. de 600 pages. Prix : 6 fr.

Histoire de Philippe II, roi d'Espagne ; par Alexis Dumé-
nil. In-8. Prix : 6 fr.

Lettres sur Paris, ou Correspondance pour servir à l'histoire du gouvernement représentatif en France ; par
M. Étienne. Deux gros volumes in-8. Prix : 12 fr.

Beautés de la marine, ou Recueil des traits les plus curieux
concernant les marins voyageurs et les marins militaires
des temps modernes ; par A. Caillot, auteur du *Rollin
de la jeunesse*. Deux forts volumes in-12, avec figures.
Prix : 6 fr. 50.

Précis de diverses manières de spéculer sur les fonds publics,
en usage à la Bourse de Paris ; par L. Cl. Bizet. Quatrième
édition. In-8. Prix : 3 fr.

Nouveaux principes d'économie politique, ou de la richesse
dans ses rapports avec la population ; par Sismonde de
Sismondi. Deux volumes in-8. Prix : 12 fr.

Botanique de la jeunesse, contenant les principes de botanique, etc., etc. Un vol. in-18, orné de 30 planches
coloriées avec soin. Prix : 5 fr.

La même, figures noires Prix : 3 fr.

Tableau des croisades pour la conquête de la Terre Sainte,
suivi d'une courte description des principaux endroits
de la Syrie et de la Palestine qui y sont mentionnés ; par
A. Caillot, ancien maître ès-arts. Deux vol. in-12 avec
gravures. Prix : 6 fr.

www.ingramcontent.com/pod-product-compliance
Lightning Source LLC
Chambersburg PA
CBHW062308070726
47596CB00009B/881